Moïse
dans les roseaux

Publié pour la première fois en 1999 par Franklin Watts, Londres,
sous le titre *Moses in the Bulrushes*.

© 1999, Franklin Watts pour le texte

© 1999, Diana Mayo pour les illustrations

© 2000, Hachette Livre / Deux Coqs d'Or pour l'édition française

ISBN : 2.01390812.1

Dépôt légal n° 7272 – Mars 2000 – Édition 01

Loi n° 49-956 du 16 juillet 1949 sur les publications destinées à la jeunesse.

Imprimé à Hong Kong, Chine.

Moïse
dans les roseaux

Texte de **Mary Auld**

Illustrations de **Diana Mayo**

Adaptation française de **Françoise Rose**

DEUX COQS D'OR

Il était une fois un Hébreu appelé Jacob,
à qui Dieu donna le nom d'Israël.
Il était venu en Égypte avec sa famille,
pour vivre auprès de son fils Joseph,
conseiller du Pharaon. Après la mort
de Jacob et de ses fils, leurs familles
continuèrent à se multiplier, et les Enfants
d'Israël se répandirent dans toute l'Égypte.

Un nouveau Pharaon monta sur le trône.
Il se méfiait des Israélites. « Nous devons
limiter leur nombre, sinon ils risquent
de s'allier à nos ennemis pour nous
combattre », dit-il. Alors les Égyptiens
réduisirent les Israélites en esclavage.
Mais le nombre des Hébreux continua
à croître.

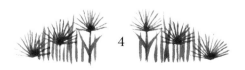

Les Égyptiens se sentaient menacés
par les Israélites. Ils les firent travailler
plus dur, et se montrèrent encore plus cruels
envers eux. Le Pharaon ordonna même
aux sages-femmes israélites de tuer tous
les garçons nouveau-nés.

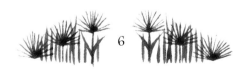

Mais les sages-femmes craignaient Dieu,
et elles n'obéirent pas au Pharaon. Le nombre
des Israélites continua à croître.

Alors le Pharaon prit une décision terrible :
il ordonna à son peuple de jeter dans le Nil
tous les garçons hébreux nouveau-nés.

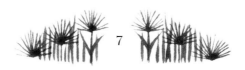

À la même époque, un Israélite épousa
une femme de sa tribu et, quelques temps
plus tard, ils eurent un fils. La femme regarda
son bébé. Comme il était beau ! Comment
aurait-elle pu le tuer ? Pendant trois mois,
elle le cacha dans sa maison.

Puis, ne pouvant plus le cacher,
elle prit une corbeille d'osier et la ferma
avec du goudron et de la poix. Elle plaça
son fils dans la corbeille et abandonna
celle-ci dans les roseaux, au bord du Nil.
La sœur de l'enfant se dissimula non loin
de là, pour voir ce qui arriverait.

Ce jour-là, la fille du Pharaon descendit
au Nil pour s'y baigner, tandis que ses suivantes
se promenaient sur la rive.

Elle fut donc la première à apercevoir
la corbeille, et elle ordonna à sa servante d'aller
la ramasser. Quand elle ouvrit la corbeille,
elle trouva un bébé en pleurs, et eut pitié de lui.

« Ce doit être un enfant hébreu », dit-elle.

À ce moment, la sœur du garçon s'avança et demanda à la princesse :

« Voulez-vous que j'aille chercher une nourrice israélite pour prendre soin de ce bébé ? » La fille du Pharaon accepta, et la fillette lui amena sa mère.

« Prends cet enfant et allaite-le, dit la fille du Pharaon. Je te paierai un bon salaire. »

Et la femme reprit son bébé, et l'éleva dans sa maison.

Quand le garçon fut assez grand, sa mère le conduisit au palais. La princesse fit de lui son fils adoptif et déclara :

« Je l'appellerai Moïse, car cela signifie " tiré de l'eau ". »

C'est ainsi que Moïse grandit à la cour,
parmi les Égyptiens. Mais il n'oublia pas
les siens. Un jour, il aperçut un Égyptien
en train de frapper un esclave hébreu.
Pensant que nul ne l'observait, Moïse tua
l'Égyptien et enterra le cadavre dans le sable.

Le lendemain, il vit deux Hébreux en train
de se battre. Quand il essaya de les arrêter,
ils lui dirent : « Qui es-tu pour vouloir
nous séparer ? Nous tueras-tu comme tu as
tué l'Égyptien ? »

Moïse prit peur. Le meurtre avait eu
des témoins et, quand le Pharaon en serait
averti, il le ferait mettre à mort.
Alors Moïse s'enfuit, et quitta l'Égypte
pour le pays de Madian.

Exténué, Moïse se reposait auprès
d'un puits quand les sept filles du prêtre
de Madian vinrent puiser de l'eau
pour leur troupeau. Des bergers voulurent
les chasser, mais Moïse défendit les jeunes filles,
et les aida à abreuver leurs bêtes.

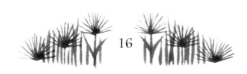

Pour remercier Moïse, le père des jeunes
filles, Jethro, l'accueillit dans sa maison.
Mieux encore, il lui donna sa fille Séphorah
pour épouse. Bientôt ils eurent un fils,
que Moïse appela Gershom, ce qui veut dire
« étranger ». « Car j'ai été moi-même
un étranger en pays étranger », déclara Moïse.

Tandis que Moïse s'occupait du troupeau
de son beau-père à Madian, les Israélites
d'Égypte continuaient à souffrir.
Le nouveau roi était tout aussi cruel
que l'ancien. Les Enfants d'Israël gémissaient
sous le poids de l'esclavage. Ils implorèrent
l'aide de Dieu, et Dieu les entendit.

Un jour, Moïse conduisit son troupeau
à travers le désert, jusqu'à l'Horeb,
la montagne de Dieu. Là, il eut une étrange
vision : un buisson d'où jaillissaient
de grandes flammes, sans que le buisson
lui-même soit brûlé. Il fit un détour pour voir
cela de plus près.

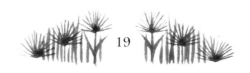

Mais alors une voix l'appela, sortant
du buisson : « Moïse ! Moïse !

— Me voici, répondit-il.

— Ne t'approche pas davantage, et enlève
tes sandales, car tu te trouves en un lieu sacré,
ordonna la voix. Je suis Dieu, le Dieu
de tes pères, le Dieu d'Abraham, d'Isaac
et de Jacob. »

Effrayé, Moïse se cacha le visage, n'osant
regarder Dieu.

« Je suis venu délivrer mon peuple,
les Enfants d'Israël, de l'esclavage, poursuivit
Dieu. Je les emmènerai hors d'Égypte, vers
un nouveau pays, où le miel et le lait coulent
en abondance. Va trouver le Pharaon. C'est toi
qui conduiras mon peuple. »

Moïse, stupéfait, demanda : « Qui suis-je pour que tu me confies cette tâche ?

– Je serai avec toi, répondit Dieu.

Tu parleras en mon nom.

– Et quel nom dois-je te donner ?

– Je suis qui je suis, déclara Dieu.

Dis aux Israélites que " Je suis " t'a envoyé vers eux. »

Puis Dieu expliqua à Moïse qu'il devait transmettre aux Israélites la promesse de Dieu, et demander au Pharaon de les laisser partir dans le désert.

Dieu accomplit ensuite trois prodiges pour montrer sa puissance. D'abord, il dit à Moïse de jeter son bâton sur le sol. Aussitôt, le bâton se changea en serpent. Mais, quand Moïse le prit par la queue, le serpent redevint un bâton.

Puis Dieu dit à Moïse de passer la main
sous son manteau et de la ressortir.
Moïse obéit, et découvrit que sa main s'était
couverte d'écailles blanches, pareilles à
de la neige. Il remit la main dans son manteau ;
quand il la retira, elle était guérie.

« Si les Israélites ne croient à aucun de ces signes, en voici un troisième, reprit Dieu. Prends de l'eau du Nil et répands-la sur le sol. Elle se transformera en sang. »

Mais Moïse hésitait encore.

« Je ne sais pas parler aux gens, dit-il.

– Ne t'ai-je pas donné une bouche et une langue ? Je t'enseignerai ce qu'il faudra leur dire, répondit Dieu.

– Je t'en prie, Seigneur, envoie quelqu'un d'autre ! » s'écria Moïse.

Dieu se fâcha et déclara :

« Ton frère Aaron parlera pour toi. Il est déjà en chemin. Tu seras pour lui ce que je suis pour toi ; tu lui expliqueras ce qu'il doit dire. Et tu emporteras ce bâton pour accomplir des miracles. »

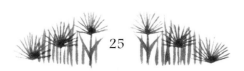

Moïse retourna auprès de sa femme.

« Laisse-moi repartir vers mon peuple,
en Égypte, demanda-t-il à son beau-père,
Jethro.

– Va en paix », répondit Jethro.

Et Moïse regagna donc l'Égypte
avec sa famille. À la main, il tenait le bâton
de Dieu. Il comprenait à présent pourquoi
il avait été sauvé du Nil, bien des années
auparavant. C'était lui que Dieu avait choisi
pour libérer les Israélites. Un jour,
il les conduirait vers la terre où le lait
et le miel coulaient en abondance,
la Terre promise.

POUR EN SAVOIR PLUS

Cette histoire est tirée de l'Exode, l'un des livres constituant la Bible. La Bible est le nom donné à un recueil de textes considérés comme sacrés à la fois par les Juifs et par les chrétiens. L'Exode est le deuxième des 39 livres de la Bible juive et de la Bible protestante, et des 45 de la Bible catholique. Pour tous les chrétiens, ces livres forment l'Ancien Testament. Les 5 premiers livres de la Bible sont la Torah, le texte le plus sacré de la religion juive, que les chrétiens appellent Pentateuque.

Qui était Moïse ?

C'est l'une des figures les plus importantes de la Bible et de l'histoire des Hébreux. Il vécut entre 1350 et 1250 avant J.-C. environ. Il était très proche de Dieu, qui lui parla directement durant toute sa vie. Guidé par Dieu, Moïse non seulement libéra les Hébreux de l'esclavage, mais il leur donna Ses lois, en particulier les Dix Commandements, fondements de la religion juive. Les Dix Commandements jouent aussi un rôle essentiel dans la religion chrétienne, mais ils y sont transmis par l'enseignement de Jésus Christ.

Les Hébreux en Égypte

Les Hébreux étaient venus en Égypte pour fuir la famine régnant à Canaan, 400 ans environ avant la naissance de Moïse. À l'époque, ils n'étaient sans doute qu'une grande famille, qui avait pour chef Jacob, fils d'Isaac et petit-fils d'Abraham. Jacob, à qui Dieu avait donné le nom d'Israël, avait douze fils ; l'un d'eux, Joseph, se trouvait déjà en Égypte. Chargé d'y administrer les réserves de blé, Joseph fit venir sa famille, avec la permission du Pharaon. Au cours des siècles suivants, les descendants de Jacob, les Enfants d'Israël, se multiplièrent. Ils finirent par former une communauté importante, qui allait devenir le peuple hébreu.

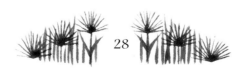

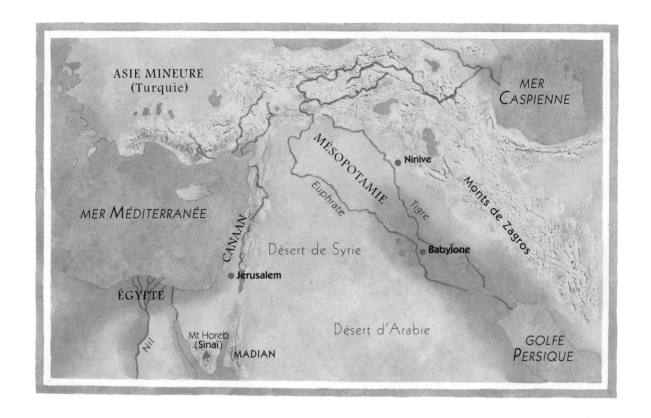

La Terre promise

Moïse dans les Roseaux raconte le début de l'Exode. Joseph est oublié depuis longtemps et les Hébreux sont devenus les esclaves des Égyptiens. Voyant la misère de Son peuple, Dieu choisit Moïse pour le délivrer de l'esclavage. Quand Il parle à Moïse depuis le buisson ardent, Il promet aux Hébreux qu'ils auront un jour un pays à eux. Cette promesse donne aux Hébreux le sentiment de former un peuple, une « nation ».

Avec l'aide de Dieu, Moïse conduit les Hébreux hors d'Égypte. Mais ils n'ont pas encore atteint la Terre promise : pendant quarante ans, ils errent dans le désert. Moïse a le plus grand mal à les garder unis et confiants en la promesse de Dieu. Lui-même ne parviendra jamais jusqu'à la Terre promise, Canaan, mais il la voit de loin avant de mourir. Il a accompli sa mission : mener les siens vers cette terre, unis par le respect des lois et leur foi en Dieu.

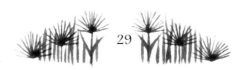

29

Vocabulaire

Esclavage : Réduire quelqu'un en esclavage, c'est en faire un serviteur entièrement privé de liberté et soumis à un maître qui a sur lui le droit de vie et de mort.

Goudron : Matière noire et visqueuse servant à couvrir les routes mais aussi à rendre les bateaux étanches, imperméables à l'eau.

Hébreu : Ancien peuple du Moyen-Orient, qu'on appelle également les Enfants d'Israël ou les Israélites. C'est parmi les Hébreux que naquit la religion juive, ou judaïsme ; la Bible fut à l'origine écrite en hébreu.

Israélite : Voir Hébreu.

Pharaon : nom donné aux rois de l'ancienne Égypte.

Poix : Substance visqueuse à base de résine ou de goudron de bois, utilisée comme colle.

Prodige : Signe envoyé par Dieu, événement miraculeux.

Promesse : Faire une promesse, c'est s'engager à faire quelque chose. Dieu fait une promesse aux Hébreux, Il s'engage à les guider vers un pays où ils seront chez eux.

Roseau : Le roseau est une plante qui pousse dans l'eau. Il en existe plusieurs espèces. Mais la plante la plus répandue sur les bords du Nil est en fait le papyrus, et Moïse avait donc probablement été déposé dans les papyrus !

Sacré : Un lieu sacré, c'est un lieu saint, que l'on doit respecter.

Sage-femme : Infirmière qui aide les femmes à accoucher, à mettre les bébés au monde.

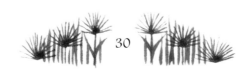

QU'EN PENSES-TU ?

Après avoir lu ce texte, tu peux réfléchir aux questions suivantes et en discuter avec tes parents ou tes amis :

À ton avis, pourquoi le Pharaon craignait-il les Israélites ?

Selon toi, pourquoi les sages-femmes ont-elles désobéi au Pharaon ?

Que penses-tu de l'adoption de Moïse par la fille du Pharaon ?

Pourquoi Moïse a-t-il tué l'Égyptien qui frappait un esclave, d'après toi ?

Crois-tu que Moïse ait eu raison de s'enfuir d'Égypte ?

Penses-tu que Moïse ait déjà eu le sentiment d'être « un étranger en pays étranger » avant de venir à Madian ?

À ton avis, quels ont été les sentiments de Moïse lorsque Dieu lui a parlé pour la première fois ?

Pourquoi, d'après toi, ne veut-il pas faire ce que Dieu lui demande, au début ?

As-tu déjà fait une promesse ? L'as-tu tenue ?